AF313773

DESCRIPTION DES OBJETS

DE

L'AGE DE LA PIERRE POLIE

CONTENUS

DANS LE MUSÉE ARCHÉOLOGIQUE

DE LA SOCIÉTÉ POLYMATHIQUE DU MORBIHAN.

Par L. DAVY DE CUSSÉ

Conservateur du Musée archéologique de la Société polymathique du Morbihan,
Membre honoraire de la Société archéologique de Salisbury.

L. GALLES

Conservateur-adjoint du Musée archéologique de la Société polymathique du Morbihan,
Membre de la Société archéologique de la Loire-Inférieure.

Et G. D'AULT-DUMESNIL

Membre de la Société polymathique du Morbihan et de la Société géologique de France.

VANNES

IMPRIMERIE DE L. GALLES, RUE DE LA PRÉFECTURE.

—

1867.

PROPRIÉTÉ.

PRIX. . . . . 1 FRANC.

PRÉFACE.

Les archéologues qui visitent le Musée de Vannes ont souvent exprimé le regret de ne pouvoir se procurer un catalogue des objets qu'il renferme. En attendant que la Société polymathique publie un répertoire complet des richesses contenues dans son Musée archéologique, nous avons eu la pensée de composer ce petit travail qui ne comprend que la description des objets de l'âge de la pierre polie.

Nous avons choisi la classification adoptée par la Société comme nous paraissant excellente. Chaque fouille compose un ensemble de tous les objets recueillis dans le même endroit, ce qui permet de se rendre compte, par la comparaison, de la similitude ou des différences de nature des objets contenus dans nos monuments du Morbihan.

Ne voulant faire qu'une sorte de memento, nous nous sommes abstenus de toute phraséologie, qui eût augmenté sans utilité cette brochure. Pour éviter les répétitions et mieux faire comprendre la forme, nous avons créé des types de haches ou de vases, types dessinés à la fin de l'ouvrage.

L'archéologie des temps préhistoriques étant une science nouvelle, l'unité de mot n'existe pas encore pour désigner un même objet ; pour tourner cette difficulté, nous avons employé le mot le plus usité, sans toutefois prétendre que tout autre ne serait pas meilleur. C'est ainsi que nous nous sommes servis du mot hache pour désigner l'objet nommé par quelques-uns celtæ, kelt ou coin en pierre.

Nous pensons avoir donné dans ce travail tous les renseignements de nature à éclairer l'archéologue, et à lui permettre, dans le silence du cabinet, de tirer telle conclusion qu'il voudra de l'ensemble des objets qu'il aura vu exposés dans les vitrines du Musée archéologique appartenant à la Société polymathique.

ABRÉVIATIONS.

lo.	signifie	longueur.
la.	—	largeur.
ép.	—	épaisseur.
h.	—	hauteur.
di.	—	diamètre.
ar.	—	arêtes.
moy.	—	moyenne.

DESCRIPTION DES OBJETS

DE

L'AGE DE LA PIERRE POLIE

CONTENUS DANS LE MUSÉE ARCHÉOLOGIQUE

DE LA SOCIÉTÉ POLYMATHIQUE DU MORBIHAN.

FOUILLE DU DOLMEN DE TUMIAC (ARZON).

Ce dolmen, sous tumulus rond, a été fouillé, en 1853, par la Société polymathique. Il est à peu près au centre du tumulus, et se compose de trois tables dont l'une, à l'ouest, est soutenue par trois supports portant des signes gravés, et les deux autres par une muraille en maçonnerie sèche fermée du côté de l'Est. — Dimensions : Haut. du tumulus 15ᵐ,00, di. 55ᵐ,00. — Dolmen : lo. 4ᵐ,80, la. 2ᵐ,40, h. moy. 1ᵐ,60. (Rapport de M. le Dʳ Fouquet. — Mémoire de M. L. Galles.)

1. Hache en chloromélanite (1), type B, lo. 0,450, la. 0,085 (2), ép. 0,032, arêtes arrondies; la pointe et les côtés rugueux; brisée en deux.

---

(1) M. Damour désigne sous ce nom un minéral vert-noir ou vert sombre. Au premier aspect, cette substance paraît noire, mais lorsqu'on l'observe par transparence à la lueur d'une bougie, on reconnaît que sa couleur est le vert foncé. Structure cristalline, cassure finement esquilleuse, quelquefois schistoïde, poussière vert-grisâtre. Dureté intermédiaire entre celles du quartz et du feldspath. Très tenace. Fusible à la simple flamme de la lampe à alcool, mais avec moins de facilité que la jadéite. A la flamme du chalumeau, elle fond en un verre brun-verdâtre.

Les caractères physiques de la chloromélanite, son état cristallin, sa dureté, sa densité, sa fusibilité, puis enfin la forte proportion de soude qu'elle renferme, tendent à la rapprocher de la jadéite. On pourrait alors la considérer comme une variété de ce minéral, dans laquelle une certaine proportion d'alumine serait remplacée par de l'oxyde ferrique, et qui contiendrait, en outre, à l'état de mélange intime, plusieurs autres minéraux. (Voir la description de cette substance par M. Damour : Comptes-rendus de l'Académie des sciences, tome LXI, séances des 21 et 28 août 1865.)

(2) La largeur indiquée est toujours la largeur maximum.

2. Hache en jadéite (1) altérée, type B, lo. 0,340, la. 0,074, ép. 0,027, ar. arrondies; brisée en trois.

3. Hache en chloromélanite, type A, lo. 0,315, la. 0,070, ép. 0,029, ar. plates; pointe et ar. finement repiquées.

4. Hache en chloromélanite, type A, lo. 0,340, la. 0,087, ép. 0,034, ar. arrondies.

5. Hache en chloromélanite, type B, lo. 0,375, la. 0,072, ép. 0,030, ar. arrondies; brisée en deux; pointe repiquée jusqu'à la moitié de la longueur; tranchant très curviligne, ébréché.

6. Hache en chloromélanite (fragment du côté du tranchant), type A, lo. 0,215, la. 0,082, ép. 0,030, ar. arrondies.

7. Hache en chloromélanite (fragment du côté de la pointe), type B , lo. 0,195, la. 0,060, ép. 0,025, ar. arrondies; repiquée à la pointe.

8. Hache en jadéite, type A, lo. 0,272, la. 0,076, ép. 0,017, ar. vives; percée, à 0,073 de la pointe, de deux trous coniques opposés se rencontrant à leurs sommets.

9. Hache en jadéite, type A, lo. 0,152, la. 0,062, ép. 0,015; ar. mousses; brisée en deux; tranchant ébréché.

10. Hache en jadéite, type A, lo. 0,300, la. 0,085, ép. 0,026, ar. arrondies; brisée en deux.

11. Hache en jadéite, type B, lo. 0,220, la. 0,052, ép. 0,028, ar. vives; brisée en deux; ébréchée à l'un des angles du tranchant.

12. Hache en jadéite, type E; lo. 0,224, la. 0,064, ép. 0,013, ar. mousses; brisée en deux.

13. Hache en jadéite, type A, lo. 0,200, la. 0,070, ép. 0,017, ar. vives; percée d'un trou à 0,048 de la pointe.

14. Hache en aphanite (2) ou en pétrosilex, type B, lo. 0,334, la. 0,054, ép. 0,023, ar. vives; brisée en deux.

---

(1) La jadéite doit être rattachée à la famille des wernérites (silicates anhydres). Couleur de diverses nuances de vert, de gris-verdâtre, de gris-jaunâtre. Structure cristalline, fibro-lamellaire, quelquefois un peu schistoïde. Rayant le feldspath et le jade oriental; rayée par e quartz. Très tenace. Facilement fusible. Une mince écaille, exposée à l'extrémité de la flamme d'une lampe à alcool, se fond aisément en un verre jaunâtre ou grisâtre, demi-transparent. (Voir la description de cette substance par M. Damour : Comptes-rendus de l'Académie des sciences, tome LXI, p. 861.)

(2) Diorite et aphanite. — On classe sous ces noms des roches formées essentiellement par l'association des substances minérales amphibole et feldspath. Lorsque les éléments de la roche sont discernables à la simple vue, elle prend le nom de diorite; mais lorsqu'on ne peut la reconnaître qu'à l'aide du microscope ou des indications fournies par l'analyse chimique, la roche est appelée aphanite. Ces substances contiennent fréquemment divers minéraux associés en proportions diverses (chlorite, pyrite jaune, pyrite magnétique, quartz, fer oxydulé, etc.)

Le feldspath et l'amphibole des diorites sont associés et mélangés suivant des proportions qui varient à l'infini; il en résulte que les analyses présentent de nombreuses dissemblances.

15. Hache en jadéite, type A, lo. 0,100, la. 0,035, ép. 0,013, ar. vives.

16. Hache en jadéite (fragment du côté de la pointe), type F, lo. 0,183, la. 0,068, ép. 0,022, ar. vives; percée à 0,065 de la pointe.

17. Hache en fibrolite (1), type L, lo. 0,113, la. 0,063, ép. 0,013 (2).

18. Hache en fibrolite, type K, lo. 0,090, la. 0,052.

19. Hache en fibrolite, type L, lo. 0,066, la. 0,037.

20. Hache en fibrolite, type K, lo. 0,088, la. 0,046.

21. Hache en fibrolite, type K, lo. 0,065, la. 0,043.

22. Hache en fibrolite, type L, lo. 0,073, la. 0,039; le tranchant manque.

23. Hache en fibrolite, type K, lo. 0,070, la. 0,044.

24. Hache en fibrolite (fragment du côté de la pointe), type K, lo. 0,057, la. 0,044.

La couleur des diorites change selon les proportions diverses des deux espèces qui la constituent et des minéraux accessoires qui s'y trouvent mélangés. Cette roche est habituellement grise, ou gris-noirâtre, gris-bleuâtre, gris-verdâtre, ou à marbrures noires et blanches. Structure cristalline et quelquefois compacte.

L'aphanite est habituellement gris-cendré, gris-jaunâtre, brune ou verdâtre. Elle est souvent terreuse à la surface, par suite d'une décomposition superficielle du feldspath qu'elle contient. Cette altération se montre également sur certains échantillons de diorite. Tenacité très forte, mais inférieure à celle des fibrolites et jadéites. Elles raient le verre et sont rayées par le quartz. Quelques échantillons font mouvoir le barreau aimanté, ce qui tient à un mélange accidentel de fer oxydulé ou de pyrite magnétique. Ces roches fondent aisément à la flamme du chalumeau en verres dont la teinte est plus ou moins obscure ; quelques-unes sont partiellement décomposables par l'action des acides.

Le département renferme des diorites et des aphanites entièrement semblables à celles dont sont fabriquées les haches dites celtiques. Ces roches s'en rapprochent entièrement et par les caractères extérieurs et par l'analyse chimique. (Voir le rapport de M. Damour sur la composition des haches en pierre trouvées dans les monuments celtiques et chez les tribus sauvages : Comptes-rendus de l'Académie des sciences, tome LXIII, séance du 9 déc. 1866.)

Les bords de la Vilaine ont dû être une mine inépuisable pour les peuples primitifs; ils trouvaient dans les cailloux roulés de la côte une matière première, déjà à moitié façonnée. Un grand nombre de nos ruisseaux transportent, également, des cailloux roulés de diorite et d'aphanite. (Environs de Cléguérec et de Moustoir-ac.)

(1) La fibrolite est un silicate anhydre d'alumine ; elle doit par ses caractères être rattachée à la sillimanite (des Cloizeaux). Couleur blanc-laiteux, souvent jaunâtre et marbrée de veines et de taches grises ou couleur de rouille. A peu près opaque; quelques échantillons montrent une certaine translucidité. Structure à fibres fines, soyeuses, très serrées, contournées et comme entrelacées en divers sens; c'est de là que lui vient son excessive tenacité. Raie le verre et le feldspath ; rayée par le quartz. Infusible au chalumeau. (Voir la description de cette substance par M. Damour : Comptes-rendus de l'Académie des sciences, tome LXI.)

(2) Les haches en fibrolite affectent plus ou moins la forme d'un parallélogramme allongé (type L), souvent celle d'un trapèze (type K) dont la plus grande base offre un tranchant. La fibrolite étant une substance lamelleuse, toutes les haches faites de cette matière n'ont qu'une épaisseur faible et irrégulière, ce qui fait que nous n'indiquerons que les dimensions de longueur et de largeur.

25. Hache en fibrolite, type K, lo. 0,073, la. 0,044.

26. Hache en fibrolite, type K, lo. 0,059, la. 0,039, ép. 0,003.

27. Hache en fibrolite, type L, lo. 0,090, la. 0,032.

28. Hache en fibrolite, type L, lo. 0,078, la. 0,032.

29. Hache en fibrolite, type L, lo. 0,106, la. 0,030.

30. Hache en fibrolite, type L. lo. 0,105, la. 0,023.

31. Hache en fibrolite, type L, lo. 0,080, la. 0,023.

32. Hache en aphanite, type L, lo. 0,072, la. 0,023, ép. 0,008.

33. Collier en callaïs (Damour) (1), composé de 107 grains percés d'un trou cylindrique; leurs dimensions varient de 0,006 de di. sur 0,003 d'ép. à 0,012 de di. sur 0,007 d'ép. De plus, dix pendeloques, dont deux de forme discoïdale, les autres en forme de poire; une de ces dernières présente, vers le milieu de sa longueur, une dépression circulaire très prononcée. Leurs dimensions varient entre : lo. 0,057, la. 0,022 et lo. 0,018, la. 0,011.

34. Collier en callaïs, composé de 32 grains discoïdaux, variant assez régulièrement de grosseur depuis 0,023 de di. sur 0,013 d'ép. jusqu'à 0,011 de di. sur 0,004 d'é. De plus, une pendeloque piriforme de 0,048 de lo., 0,028 de la. et 0,021 d'ép., brisée en deux, et une deuxième pendeloque fragmentée.

35. Collier en callaïs, composé de 98 grains, variant de 0,008 de di. sur 0,004 d'ép. à 0,004 de di. sur 0,002 d'ép.

36. Plaques d'oxide de fer, trouvées dans la vase formant le tumulus.

37. Deux extrémités d'un tube en oxyde de fer, trouvé dans la vase.

38. Fragmᵗ d'os pariétal humain, non incinéré, trouvé dans le dolmen.

39. Détritus végétaux.

40. Fragments de bois, recueillis dans le dolmen.

41 .Décompositions osseuses.

42. Débris d'os, de bois et de granit mêlés.

---

(1) Le nom de callaïs a été imposé par M. Damour au minéral qui forme nos grains de collier.

La couleur de cette matière est le vert-pomme, se rapprochant du vert de l'émeraude. Quelques échantillons sont comme marbrés de parties blanches et de parties bleuâtres; d'autres sont maculés de veines et de taches brunes ou noires, par suite d'un mélange accidentel de matières argileuses.

Le minéral est translucide, à peu près autant que la chrysoprase. Sa cassure est compacte comme celle de la cire. Il raie le calcaire, mais il est facilement rayé par une pointe d'acier. Sa poussière est blanche, infusible au chalumeau.

Cette substance est un phosphate d'alumine hydraté comme la turquoise orientale, mais elle en diffère sensiblement, aussi bien par les proportions de ses principes constituants que par ses caractères extérieurs. M. Damour, d'après les différences appréciables qui existent entre ces deux matières, les sépare dans la classification des espèces. Il emprunte à Pline le nom de callaïs, qu'il applique à notre minéral, et réserve celui de turquoise à la pierre précieuse de couleur bleu de ciel, si connue en joaillerie. (Voir la description de la callaïs par M. Damour : Comptes-rendus de l'académie des sciences, tome LIX, séance du 5 décembre 1864.)

FOUILLE DU DOLMEN DU MONT SAINT-MICHEL (CARNAC).

Ce dolmen, sous tumulus long, a été fouillé, en 1862, par la Société polymathique. Il est au centre du tumulus et se compose d'une table portée sur des parois formées d'assises horizontales de grosses pierres ; il était fermé vers l'Est par deux pierres posées verticalement. — Dimensions. Tumulus : lo. 112ᵐ,00, la. 53ᵐ,00, h. 9ᵐ,00. —Dolmen : lo. 2ᵐ,40, la. 1ᵐ,40, h. 0ᵐ,95. (Rapports de MM. R. Galles, G. Closmadeuc et Malaguti.)

43. Hache en chloromélanite, type E, lo. 0,360, la. 0,100, ép. 0,026, ar. arrondies.

44. Hache en jadéite, type A, lo. 0,373, la. 0,109, ép. 0.033, ar. vives.

45. Hache en jadéite altérée, type A, lo. 0,273, la. 0,093, ép. 0,027, ar. vives.

46. Hache en diorite (1) altérée, type A, lo. 0,268, la. 0,080, ép. 0,032, ar. arrondies; très rugueuse surtout vers la pointe.

47. Hache en jadéite altérée, type A, lo. 0,231, la. 0,080, ép. 0,019, ar. vives; trou commencé des deux côtés à 0,060 de la pointe ; le forage a été abandonné, les deux axes ne se correspondant pas.

48. Hache en jadéite altérée, type A, lo. 0,225, la. 0,060, ép. 0,014, ar. vives; percée à 0,052 de la pointe.

49. Hache en jadéite altérée, type A, lo. 0,205, la. 0,070, ép. 0,024, ar. vives.

50. Hache en jadéite, type A, lo. 0,195, la. 0,065, ép. 0,014, ar. vives; percée d'un trou à 0,052 de la pointe qui est légèremᵗ fracturée.

51. Hache en jadéite, type A, lo. 0,190, la. 0,071, ép. 0,021, ar. vives.

52. Hache en jadéite, type A, lo. 0,192, la. 0,057, ép. 0,016, ar. vives.

53. Hache en jadéite, type C, lo. 0,097, la. 0,045, ép. 0,016, ar. aplaties.

53 bis. Fac-simile d'une hache en jadéite altérée, type A, lo. 0,226, la. 0,080, ép. 0,023; (appartient au musée de Saint-Germain).

54. Hache en fibrolite, type K, lo. 0,095, la. 0,058, ar. mousses.

55. *id.* *id.* type K, lo. 0,112, la. 0,062, ar. vives.

56. *id.* *id.* type K, lo. 0.133, la 0,057, ép. 0,016, ar. vives.

57. *id.* *id.* type K, lo. 0,098, la. 0,050, ar. mousses.

58. *id.* *id.* type K, lo. 0,090, la. 0,052, ar. mousses.

59. *id.* *id.* type K, lo. 0,093, la. 0,050, ar. mousses; tranchant évasé, se rapprochant du type E.

60. *id.* *id.* type L, lo. 0,095, la. 0,042, ar. mousses.

61. *id.* *id.* type L, lo. 0,115, la. 0,035, ar. mousses.

62. *id.* *id.* type K, lo. 0,077, la. 0,045, ar. mousses.

---

(2) Voir la note 2, page 2.

63. Hache en fibrolite, type K, lo. 0,076, la. 0,041, ar. mousses.
64. *id.*   *id.*   type L, lo. 0,073, la. 0,038, ar. mousses.
65. *id.*   *id.*   type L, lo. 0,070, la. 0,037, ar. vives.
66. *id.*   *id.*   type L, lo. 0,091, la. 0,040, ar. mousses.
67. *id.*   *id.*   type L, lo. 0,102, la. 0,043, ar. mousses.
68. *id.*   *id.*   type L, lo. 0,077, la. 0,040, ar. mousses.
69. *id.*   *id.*   type K, lo. 0,110, la. 0,040, ar. mousses.
70. *id.*   *id.*   type K, lo. 0,109, la. 0,039, ar. mousses.
71. *id.*   *id.*   type K, (fragment du côté du tranchant), lo. 0,064, la. 0,037, ar. mousses.
72. *id.*   *id.*   type L, lo. 0,050, la. 0,029, ép. 0,008, ar. mousses.
73. *id.*   *id.*   type K, lo. 0,065, la. 0,033, ar. mousses.
74. *id.*   *id.*   type K, lo. 0,067, la. 0,041, ar. mousses.
75. *id.*   *id.*   type L, lo. 0,112, la. 0,046, ar. vives.
76. *id.*   *id.*   type K, lo. 0,094, la. 0,047, ar. vives.
77. *id.*   *id.*   type L, lo. 0.074, la. 0,032, ar. mousses.
77 *bis.* Fac-simile d'une hache en fibrolite, type K, lo. 0,090, la. 0,042, ar. mousses ; (appartient au musée de Saint-Germain).
78. Collier en callaïs (Damour), composé de 97 grains discoïdaux, variant de 0,007 de di. sur 0,003 d'ép. à 0,016 de di. et 0,011 d'ép., et de dix pendeloques piriformes variant de 0,013 à 0,056 de longueur.
79. Petites perles en os, au nombre de 39, de 0,002 à 0,003 de di. sur environ 0,001 d'ép.
80. 81. Éclats de silex (1).
82. Terre provenant du dolmen.
83. Débris d'ossements.
84. Décomposition osseuse.
85. 86. Fragments d'os.
87. Terre renfermant des fragments de charbon.
88. Terre provenant du dolmen.
89. Débris de charbon.

---

(1) Les mêmes caractères appartiennent aux silex et aux agates ; ils peuvent être considérés comme des agates à pâte moins fine et souvent mélangée de parties terreuses. La transparence est moindre que celle de l'agate. Éclat nul, presque toujours mat ou faiblement luisant. Le blond est la couleur habituelle des instruments trouvés dans les dolmens.
Les silex que nous rencontrons dans nos fouilles sont étrangers au Morbihan.

FOUILLES DU DOLMEN DE MANÉ-ER-HROËG (LOCMARIAKER).

Ce dolmen, sous tumulus ovale, a été fouillé, en 1863, par MM. Lefebvre et R. Galles. Il est au centre du tumulus et se compose d'une table soutenue par des parois formées d'assises horizontales de grosses pierres. — Dimensions. Tumulus : lo. 100ᵐ,00, la. 60ᵐ,00, h. 10ᵐ,00. — Dolmen : lo. 3ᵐ,90, lo. 2ᵐ,80, h. 1ᵐ,50. (Mémoire de M. R. Galles.)

90. Anneau plat en jadéite, forme ovale, grand axe 0,135, petit axe 0,123, la. variant de 0,019 à 0,021, ép. du bord intérieur variant de 0,007 à 0,008, bord extér. formant une ar. mousse.

91. Hache en chloromélanite, type B, lo. 0,465, la. 0,067, ép. 0,035, ar. arrondies; arquée dans le sens de sa longueur; fracturée.

92. Hache en diorite, type B, lo. 0,440, la. 0,095, ép. 0,036, ar. arrondies; fracturée; rugueuse à la pointe; tranchant très curviligne.

93. Hache en jadéite, type A, lo. 0,292, la. 0,075, ép. 0,028, ar. arrondies; brisée en deux.

94. Hache en chloromélanite, type F, lo. 0,353, la. 0,085, ép. 0,026, ar. latérales et médianes vives. (Cette hache est remarquable par sa perfection et sa conservation.)

95. Hache en jadéite, type E, lo. 0,405, la. 0,115, ép. 0,034, ar. arrondies; brisée en trois; grossière sauf le tranchant.

96. Hache en diorite, type B, lo. 0,383, la. 0,083, ép. 0,032, ar. arrondies: fracturée au tranchant; finement repiquée à la pointe.

97. Hache en jadéite altérée, type F, lo. 0,203, la. 0,083, ép. 0,028, ar. latérales vives, ar. médianes longues de 0,045; fracturée au tranchant.

98. Hache en jadéite altérée (fragment du côté de la pointe), type F, lo. 0,154, la. 0,058, ép. 0.020, ar. latérales vives; fracturée à la pointe; percée d'un trou dont il ne reste que la moitié.

99. Hache en jadéite, type A, lo. 0,213, la. 0,065, ép. 0,017, ar. vives; le tranchant et l'extrême pointe manquent.

100. Hache en jadéite altérée, type A, lo. 0,258, la. 0,082, ép. 0,017, ar. vives; brisée en trois; percée d'un trou à 0,057 de la pointe; tranchant ébréché.

101. Hache en jadéite altérée, type A, lo. 0,182, la. 0,060, ép. 0,022, ar. vives; brisée en deux.

102. Hache en jadéite, type E, lo. 0,165, la. 0,062, ép. 0,012, ar. vives; percée d'un trou à 0,032 de la pointe.

103. Hache en protogyne (1) type B, lo. 0,358, la. 0,077, ép. 0,032, ar. mousses; brisée en trois; tranchant ébréché.

---

(1) La protogyne est un granit dans lequel le mica est en tout ou en partie remplacé par le talc. Structure tantôt schistoïde, tantôt granitoïde. La couleur de la hache du Musée est le gris. Cette roche constitue de puissants amas au milieu des granits du département. La protogyne dont est formée la seule hache que nous ayons de cette substance nous paraît provenir des environs de Vannes.

104. Hache en fibrolite, type K, lo. 0,097, la. 0,048, ar. mousses.
105. *id.* *id.* type K, lo. 0,098, la. 0,043, ar. mousses.
106. *id.* *id.* type L, lo. 0,096, la. 0,048, ar. mousses.
107. *id.* *id.* type K, lo. 0,119, la. 0,048, ar. mousses.
108. *id.* *id.* type K, lo. 0,095, la. 0,050, ar. mousses.
109. *id.* *id.* type A, lo. 0,105, la. 0,055, ar. mousses.
110. *id.* *id.* type K, lo. 0,096, la. 0,040, ar. mousses.
111. *id.* *id.* type K, lo. 0,100, la. 0,048, ar. mousses.
112. *id.* *id.* type K, lo. 0,105, la. 0,049, ar. mousses.
113. *id.* *id.* type K, lo. 0,092, la. 0,046, ar. mousses.
114. *id.* *id.* type K, lo. 0,140, la. 0,060, ar. vives.
115. *id.* *id.* type L, lo. 0,097, la. 0,050, ar. mousses.
116. *id.* *id.* type K, lo. 0,105, la. 0,055, ar. vives.
117. *id.* *id.* type K, lo. 0,104, la. 0,057, ar. vives.
118. *id.* *id.* type L, lo. 0,110, la. 0,044, ar. mousses.
119. *id.* *id.* type K, lo. 0,108, la. 0,064, ar. mousses.
120. *id.* *id.* type K, lo. 0,095, la. 0,048, ar. mousses.
121. *id.* *id.* type K, lo. 0,100, la. 0,060, ar. mousses.
122. *id.* *id.* type L, lo. 0,135, la. 0,053, ar. vives.
123. *id.* *id.* type K, lo. 0,090, la. 0,044, ar. vives.
124. *id.* *id.* type K, lo. 0,059, la. 0,034, ar. mousses.
125. *id.* *id.* type K, lo. 0,107, la. 0,053, ar. mousses.
126. *id.* *id.* type K, lo. 0,075, la. 0,047, ar. vives.
127. *id.* *id.* type K, lo. 0,075, la. 0,030, ar. mousses.
128. *id.* *id.* type K, lo. 0,072, la. 0,048, ar. vives.
129. *id.* *id.* type K, lo. 0,098, la. 0,045, ar. mousses.
130. *id.* *id.* type K, lo. 0,098, la. 0,050, ar. mousses.
131. *id.* *id.* type L, lo. 0,116, la. 0,051, ar. mousses;
tranchante à chaque extrémité.
132. *id.* *id.* type L, lo 0,093, la. 0,040, ar. vives.
133. *id.* *id.* type K, lo. 0,100, la. 0,045, ar. mousses.
134. *id.* *id.* type K, lo. 0,123, la. 0,059, ar. mousses.
135. *id.* *id.* type L, lo. 0,083, la. 0,025, ar. mousses.
136. *id.* *id.* type K, lo. 0,083, la. 0,035, ar. vives.
137. *id.* *id.* type L, lo. 0,082, la. 0,024, ar mousses;
tranchante à chaque extrémité.
138. *id.* *id.* type L, lo. 0,096, la. 0,030, ar. plates.
139. *id.* *id.* type L, lo. 0,065, la. 0,020, ar. mousses.
140. *id.* *id.* type L, lo. 0,076, la. 0,028, ar. mousses.
141. *id.* *id.* type K, lo. 0,072, la. 0,037, ar. vives.
142. *id.* *id.* type L, lo. 0,065, la. 0,025, ar. mousses.
143. *id.* *id.* type K, lo. 0,102, la. 0,042, ar. mousses.
144. *id.* *id.* type K, lo. 0,108, la. 0,054, ar. mousses.
145. *id.* *id.* type K, lo. 0,118, la. 0,055, ar. mousses.

146. Hache en fibrolite, type K, lo. 0,096, la. 0,046, ar. mousses.
147. *id.* *id.* type irrég. lo. 0,120, la. 0,042, ar. mousses.
148. *id.* *id.* type L, lo. 0,090, la. 0,033, ar. mousses.
149. *id.* *id.* type K, lo. 0,108, la. 0,045, ar. mousses.
150. *id.* *id.* type L, lo. 0,114, la. 0,041, ar. mousses.
151. *id.* *id.* type K, lo. 0,087, la. 0,040, ar. mousses.
152. *id.* *id.* type L, lo. 0,106, la. 0,036, ar. vives.
153. *id.* *id.* type K, lo. 0,103, la. 0,047, ar. mousses.
154. *id.* *id.* type L, lo. 0,128, la. 0,050, ar. mousses.
155. *id.* *id.* type K, lo. 0,129, la. 0,056, ar. mousses.
156. *id.* *id.* type L, lo. 0,095, la. 0,048, ar. mousses.
157. *id.* *id.* type K, lo. 0,064, la. 0,035, ar. vives.
158. *id.* *id.* type K, lo. 0,095, la. 0,048, ar. vives.
159. *id.* *id.* type L, lo. 0.103, la. 0,047, ar. mousses.
160. *id.* *id.* type L, lo. 0,107, la. 0,049, ar. mousses.
161. *id.* *id.* type K, lo. 0,070, la. 0,025, ép. 0,005,
ar. mousses.
162. *id.* *id.* type K, lo. 0,052, la. 0,026, ar. mousses.
163. *id.* *id.* type L, lo. 0,076, la 0,046, ar. mousses.
164. *id.* *id.* type L, lo. 0,111, la. 0,047, ar. vives.
165. *id.* *id.* type K, lo. 0,093, la. 0,045, ar. mousses.
166. *id.* *id.* type L, lo. 0,093, la. 0,051, ar. mousses.
167. *id.* *id.* type L, lo. 0,110, la. 0,044, ar. mousses.
168. *id.* *id.* type K, lo. 0,074, la. 0,039, ar. mousses.
169. *id.* *id.* type L, lo. 0,071, la. 0,021, ar. mousses.
170. *id.* *id.* type K, lo. 0,059, la. 0,032, ar. vives.
171. *id.* *id.* type K, lo. 0,094, la. 0,046, ar. mousses.
172. *id.* *id.* type L, lo. 0,081, la 0,042, ar. mousses.
173. *id.* *id.* type K, lo. 0,090, la. 0,052, ép. 0,026,
ar. mousses.
174. *id.* *id.* type K, lo. 0,095, la. 0,052, ar. mousses.
175. *id.* *id.* type L, lo. 0,097, la. 0,056, ar. mousses.
176. *id.* *id.* type K, lo. 0,108, la. 0,054, ar. mousses.
177. *id.* *id.* type K, lo. 0,111, la. 0,052, ar. mousses.
178. *id.* *id.* type K, lo. 0,114, la. 0,061, ar. mousses.
179. *id.* *id.* type L, lo. 0,105, la. 0,039, a r. mousses.
180. *id.* *id.* type K, lo. 0,072, la. 0,046, ar. mousses.
181. *id.* *id.* type K, lo. 0,055, la. 0,036, ar. mousses.
182. *id.* *id.* type L, lo. 0,071, la. 0,032, ar. mousses.
183. *id.* *id.* (fragment du côté du tranchant), type L,
lo. 0,055, la. 0,046, ép. 0,028, ar. arrondies.
184. *id.* *id.* type K, lo. 0,070, la. 0,047, ar. mousses.
185. *id.* *id.* type K, lo. 0,082, la. 0,048, ar. mousses.
186. *id.* *id.* type K, lo. 0,085, la. 0,041, ar. mousses.

187. Hache en fibrolite, type L, lo. 0,088, la. 0,046, ar. mousses.
188. *id.* *id.* type K, lo. 0,128, la. 0,067, ar. vives.
189. *id.* *id.* type K, lo. 0,125, la. 0,051, ar. mousses.
190. *id.* *id.* type L, lo. 0,109, la. 0,060, ar. mousses.
191. *id.* *id.* type K, lo. 0,098, la. 0,040, ar. mousses.
192. *id.* *id.* type K, lo. 0,098, la. 0,055, ar. mousses.
193. *id.* *id.* type K, lo. 0,115, la. 0,046, ar. mousses.
194. *id.* *id.* type K, lo. 0,117, la. 0,048, ar. mousses.
195. Pendeloque en callaïs, forme triangulaire, lo. 0,069, la. 0,053, ép. 0,023; percée à 0,021 d'une de ses pointes.
196. Pendeloque en callaïs, forme poire, lo. 0,065, la. 0,032, ép. 0,023; fracturée au sommet; percée à 0,015.
197. Pendeloque en callaïs, forme poire, lo. 0,053, la. 0,024, ép. 0,020; percée à 0,014.
198. Pendeloque en callaïs, forme poire, lo. 0,051, la. 0,035, ép. 0,029; percée à 0,012.
199. Pendeloque en callaïs, forme poire, lo. 0,075, la. 0,056, ép. 0,038; percée à 0,022.
200. Pendeloque en callaïs, lo. 0,057, la. 0,043, ép. 0,016; **percée** à 0,016.
201. Pendeloque en callaïs, forme poire, lo. 0,043, la. 0,026, ép. 0,016; percée à 0,010.
202. Pendeloque en callaïs, forme poire, lo. 0,045, la. 0,026, ép. 0,025; percée à 0,006.
203. Pendeloque en callaïs, forme poire, lo. 0,049, la. 0,027, ép. 0,019.
204. Petit collier en callaïs, composé de 41 grains discoïdaux variant de 0,004 de di. sur 0,002 d'ép. à 0,022 de di. sur 0,017 d'ép.
205. Cristal de quartz.
206. Fac-simile d'une pierre couverte de signes sculptés, trouvée à l'entrée extérieure du dolmen.
207. Éclats de silex.
208. Fragments de silex (amulette?).

Objets trouvés dans le tumulus.

209. Deux grains en terre cuite (fusaïole) et deux fragments.
210. Deux perles en terre cuite.
211. Fragments de poteries.
212. Médailles impériales romaines : 1 AR. Domitien; 10 MB. Auguste, Tibère, Claude, Néron, Domitien et Trajan.
213. Fragments de verre.
214. Bille de verre.
215. Trois perles cannelées en verre coloré.
216. Deux bagues, fragment et petit lingot, en bronze.
217. Fragments de poteries romaines.

FOUILLE DU DOLMEN DE KERGONFALS (BIGNAN).

Ce dolmen, sous tumulus rond, a été fouillé, en 1864, par MM. Lefebvre, R. Galles et Cassac. Il est au centre du tumulus et se compose d'une allée ouverte à l'Est, qui se recourbe pour se joindre à la chambre dans sa paroi sud-ouest. 20 supports, 7 tables. — Dimensions. Tumulus : di. 31m,00, h. 3m,50. — Chambre du dolmen : lo. 2m,50, la. 1m,80, h. 1m,75; allée, lo. 12m,00. (Mémoire de M. R. Galles; note de M. le Dr A. Mauricet.)

218. Hache en diorite, type D, lo. 0,117, la. 0,054, ép. 0,022, ar. aplaties.

219. Hache en diorite, type D, lo. 0,100, la. 0,55, ép. 0,019, ar. aplaties.

220. Hache en diorite, type D, lo. 0,130, la. 0,065, ép. 0,024, ar. aplaties.

221. Lame ou couteau en silex pyromaque, lo. 0,235, la. 0,043, une seule arête médiane très prononcée.

222. Lame ou couteau en silex pyromaque, lo. 0,107, la. 0,030, deux arêtes médianes.

223. Vase intact, type D, di. 0,200, h. 0,095 (1).

224. Fragments de poteries.

225. Ossements humains.

(Don de MM. R. Galles, Lefebvre et Cassac.)

FOUILLE DU TUMULUS DU MOUSTOIR (CARNAC).

Ce tumulus, fouillé en 1864, par M. R. Galles, aux frais du Comité de la topographie des Gaules, renferme à sa partie occidentale un dolmen, vers le milieu un amas de charbon et d'ossements d'animaux, et à sa région orientale deux cryptes ou cellules. — Dimensions. Tumulus : lo. 90m,00, la. 38m,00, h. 5m,50. —Dolmen : lo. 4m,10, la. 2m,00, h. 2m,30; 9 supports, 4 tables. (Mémoire de M. R. Galles; note de M. le Dr A. Mauricet.)

226. Hache en agalmatolite (2), type H, lo. 0,055, la. 0,035, ép. 0,006; fracturée à la pointe; percée à 0,050 du tranchant.

227. Olive en agalmatolite, lo. 0,055, di. au milieu, 0,023, aux extrémités 0,017, forme cylindroïde; creusée aux deux extrémités d'une cavité conique de 0,014 de profondeur et 0,006 de di. à la base; à 0,007 d'une des extrémités existe un trou conoïde qui vient s'ouvrir dans la cavité (usage inconnu).

---

(1) Tous les vases qui ne portent pas d'indication contraire sont façonnés à la main.

(2) Ce minéral fait partie de la classe des silicates alumineux hydratés. Sa couleur est le vert, le gris, le jaune, le blanc. Il est fortement translucide. Cassure inégale et esquilleuse. Son aspect est constamment mat; il offre un grain très serré et très fin, se laisse facilement couper et modeler avec un instrument tranchant. Infusible. L'agalmatolite est ordinairement apportée de la Chine, sous forme d'objets travaillés; on en connaît cependant quelques variétés en Europe.

228. Boule aplatie en tuffeau(1) de 0,070 de di. et 0,035 d'ép.; percée sur l'épaisseur d'un trou central cylindrique de 0,026 de di.

229. Disque en callaïs, di. 0,017, ép. 0,005 ; percé au centre.

230. Lame ou couteau en silex pyromaque, lo. 0,240, la. 0,045, deux ar. médianes; brisé en deux.

231. Lame ou couteau en silex pyromaque, lo. 0,193, la. 0,029, deux ar. médianes.

232. Lame ou couteau en silex pyromaque, lo. 0,166, la. 0,027, deux ar. médianes; brisé en trois.

233. Lame ou couteau en silex pyromaque, lo. 0,121, la. 0,017, deux ar. médianes.

234. Lame ou couteau en silex pyromaque, lo. 0,070 la. 0,019, deux ar. médianes.

235. Éclats de silex.

236. Vase en terre rouge, type N, très fragmenté; orné sur sa panse de quatre cordons ou petites côtes verticales en relief, reliés par une ligne sinueuse en creux ; sur le bord et correspondant aux cordons, petites palmettes en creux.

237. Vase en terre brune, type G, di. 0,240, h. 0,155, orné sur la panse de quatre petites bossettes très rapprochées, en ligne horizontale.

238. Vase en terre rougeâtre, type G, di. 0,400, très fragmenté ; sur la panse se trouve un oreillon percé pour la suspension.

239. Vase en terre jaune, type G, di. 0,200, h. 0,140 ; très fragmenté ; traces de bossettes sur la panse, rainure horizontale à 0,050 du bord ; deux trous de suspension près du bord.

240. Débris d'ossements humains.

241. Moitié d'anneau en verre blanc orné de lignes brisées jaunes, trouvée dans le tumulus.

(Don du Comité de la topographie des Gaules.

LANDE DU POMIN (NOYAL-MUZILLAC.)

242. Hache en diorite, type D, lo. 0,112, la. 0,050, ép. 0,031 ; tranchant ébréché.

243. Petite dalle en quartz lydien(2), lo. 0,200, la. 0,120, ép. 0,025 ; très polie par l'usage sur une de ses faces.

(Don de M. l'abbé Piéderrière.)

---

(1) Le calcaire terreux est blanc, tendre et tachant les doigts. Cette variété est appelée tuffeau, craie-tuffeau dans beaucoup de pays. Le département du Morbihan est entièrement privé de formation calcaire.

(2) Ce quartz n'est qu'une variété du quartz jaspe, coloré en noir par le mélange d'une proportion assez considérable de charbon. Nous connaissons dans le département un ou deux gisements de ce minéral.

MORBIHAN.

244. Hache-marteau en diorite, type M, lo. 0,200, la. 0,095, ép. 0,054; trou formé par la rencontre de deux cônes, de 0,057 de di. maximum et 0,035 minimum, à 0,130 du tranchant; ar. arrondies du côté de la tête.

(Don de Mme veuve Lorois.)

PLOUHARNEL.

245. Fac-simile d'un fragment de hache-marteau en chloromélanite? type N, lo. 0,100, la. 0,060.

(Don de M. de Cussé.)

PROVENANCE INCONNUE.

246. Hache en diorite calcarifère (hémithrène), type C, lo. 0,150, la. 0,060, ép. 0,037, ar. aplaties.

247. Hache en chloromélanite, type irrégulier, lo. 0,090, la. 0,060, ép. 0,026.

248. Hache en diorite calcarifère, type B, lo. 0,123, la. 0,065, ép. 0.040, ar. arrondies; tranchant très curviligne.

249. Hache en jadéite, type A, lo. 0,170, la. 0,050, ép. 0,022, ar. arrondies.

PLAUDREN.

250. Hache en diorite, type D, lo. 0,130, la. 0,045, ép. 0,027, ar. arrondies.

(Don de M. l'abbé Bara.)

KERLAN (VANNES).

251. Hache en diorite, type A, lo. 0,140, la. 0,055, ép. 0,024, ar. mousses; pointe très arrondie.

(Don de M. Délivré.)

LIMERZEL.

252. Hache en diorite calcarifère, type A, lo. 0,145, la. 0,055, ép. 0,031, ar. arrondies; pointe arrondie; tranchant fortement ébréché.

MORBIHAN.

253. Hache en pétrosilex (1), type A, lo. 0,180, la. 0,048, ép. 0,025,
ar. arrondies.

(Don de M. Henry.)

TUMULUS EN BELZ.

254. Hache en diorite, type C, lo. 0,117, la. 0,060, ép. 0,030,
ar. arrondies.

(Don de M. Philippe-Kerarmel.)

ILE DU RHÉNO (BADEN).

255. Hache en quartz-agate (2) blanc, type A, lo. 0,089, la. 0,039,
ép. 0,029, ar. arrondies.

(Don de M. Cauzique.)

PROVENANCE INCONNUE.

256. Hache en quartz-agate blanc, type A, lo. 0,160, la. 0,059,
ép. 0,032, ar. aplaties; fracturée à la pointe.

257. Fragment de hache-marteau en diorite, type N, lo. 0,065,
la. 0,053, ép. 0,035. (Cet instrument a été sans doute brisé
pendant sa confection.)

---

(1) Ce minéral, ou plus exactement cette roche, est généralement classé à la suite de l'arthose, comme un feldspath compact. La couleur de nos haches est le gris-verdâtre. Translucide sur les bords, son éclat est mat ou légèrement luisant à la manière des corps gras. Cassure esquilleuse plus ou moins distincte, accidentellement conchoïdale. Fusible en émail blanc, il raie le verre.

Le gisement de cette substance doit être recherché en dehors du Morbihan. Nous ne connaissons qu'un ou deux filons de pétrosilex blanc ou gris au milieu de nos granits et d'une trop faible importance pour avoir pu fournir des blocs propres à façonner des haches.

(2) Les agates, de même que les autres espèces de quartz, sont, sauf de légers mélanges, composées de silice. Elles diffèrent du quartz en ce que leur structure n'est pas cristalline. Cassure conchoïdale, pâte fine très compacte. Nos haches sont exclusivement formées d'une agate blanche assez grossière. Même dureté que le quartz. Infusible au chalumeau.

Les gisements d'agate sont peu nombreux dans le département. On en trouve quelques filons au milieu de nos roches; elle forme la gangue de certains minerais métallifères; on la rencontre encore roulée sur nos landes et sur les bords de la Vilaine.

PÉAULE.

258. Hache en diorite calcarifère, type C, lo. 0,130, la. 0,055,
ép. 0,027, ar. arrondies.
(Don de M. l'abbé Piéderrière.)

MORBIHAN.

259. Hache en jadéite, type H, lo. 0,069, la. 0,042, ép. 0,014,
ar. aplaties.

PROVENANCE INCONNUE.

260. Hache en jade (1), forme de cœur, lo. 0,034, la. 0,029, ép. 0,008.

FOUILLE DU DOLMEN DE KERCADO (CARNAC).

Ce dolmen, sous tumulus rond, a été fouillé, en 1863, par MM. Lefebvre
et R. Galles. Il se compose de 17 supports recouverts par 7 tables; signes
sculptés sur les parois. — Dimensions. Tumulus : di. 40^m,00, h. 3^m,50.
Chambre du dolmen : lo. 3^m,00, la. 2^m,50, h. 2^m,50; allée : lo. 7^m,50,
la. 1^m,20 à 0^m,90. (Mémoire de M. R. Galles.)

261. Hache en jadéite, type A, lo. 0,033, la. 0,016, ép. 0,009,
ar. arrondies.
262. Sept perles en callaïs, variant de grosseur : l'une a 0,019 de di.
sur 0,012 d'ép.; une autre, cylindrique, percée dans sa longueur, a 0,012 de long sur 0,007 de diamètre.
263. Hache en diorite, type D, lo. 0,070, la. 0,041, ép. 0,018,
ar. arrondies.

---

(1) D'après M. Damour (Comptes-rendus de l'Académie des sciences, tome LXI, séances du
21 et du 28 août 1865), le nom de jade oriental (jade néphrite) ne doit être appliqué qu'à
la substance minérale compacte, qui nous vient de l'Asie et particulièrement de la Chine,
sous forme d'objets travaillés. Ce minéral, par sa composition, sa pesanteur spécifique, sa
dureté, sa fusibilité, et par l'ensemble de ses caractères, doit être rapporté à la trémolite,
espèce minérale du groupe des amphiboles. Couleurs diverses : blanc de lait, blanc-jaunâtre,
grisâtre, gris-verdâtre; puis toutes les nuances du vert. Éclat gras et comme huileux, habituellement translucide. Structure compacte; cassure à fines esquilles. Raie le verre, rayé
par le feldspath, très tenace. Fusible au chalumeau en émail blanc.

Cette matière n'a jamais été trouvée en Europe; elle nous vient du continent asiatique, et
particulièrement de Chine. On l'a rapporté également de la Sibérie et de plusieurs îles de
l'Océanie.

264. Pendeloque en schiste(1), lo. 0,065, la. 0,032, ép. 0,006, percée à 0,008 d'une des extrémités.

265. Pendeloque en schiste, lo. 0,050, la. 0,030, ép. 0,005; percée à 0,010 d'une des extrémités.

266. Pendeloque discoïdale en schiste, di. 0,037, ép. 0,006; percée à 0,007 du bord.

267. Pendeloque en agalmatolite, lo. 0,028, la. 0,023, ép. 0,014; percée d'un large trou au centre.

268. Rondelle en talc (2), di. 0,040, ép. 0,028; percée au centre.

269. Pointe de flèche en silex, forme amande, plate sur une de ses faces, lo. 0,047, la. 0,020, ép. 0,007.

270. Silex taillé, forme couteau.

271. Éclats de silex.

272. Fragment de vase en terre brune, type A, orné, depuis le bord jusqu'à la naissance de la panse, de quatre moulures verticales rapprochées.

273. Deux fragments de vase en terre jaune, ornés de stries rapprochées formant chevrons.

274. Fragment de la panse d'un vase en terre jaune, percé dans l'épaisseur de sa paroi d'un canal étroit, long de 0,060, qui s'ouvre à l'extérieur.

275. Deux fragments d'un vase en terre brun-rouge, ornés de petites lignes en creux assez régulièrement espacées, semblables à celles que pourrait produire un ongle.

276. Fragment de poterie jaunâtre, orné d'une bande verticale formée de petites stries horizontales très rapprochées.

277. Fragments de vase en terre rouge, type A, à fond rentrant, ornés de bandes horizontales alternativement unies et couvertes de lignes diagonales au pointillé; sur le bord un zigzag au pointillé, h. 0,160.

278. Fragment de vase en terre brun-rouge, type D, di. 0,088, h. 0,044.

279. Fragment de vase en terre rougeâtre, type C, di. 0,105, h. 0,068.

280. Fragments de vase en terre rouge, orné de bandes horizontales alternativement unies et couvertes de lignes au pointillé formant des lozanges.

281. Fond et fragments d'un vase en terre rouge, orné de lignes horizontales au pointillé, réunies trois par trois.

---

(1) Cette variété de schiste micacé se trouve abondamment répandue dans le Morbihan.

(2) Le talc stéatite appartient au genre des silicates non alumineux. Cassure tout à la fois esquilleuse et schisteuse; éclat nacré, doux au toucher. Au chalumeau, gonfle et s'exfolie. Le département ne possède aucun minéral qui puisse se rapporter à cette substance.

282. Fond d'un vase en terre rouge.

283. Fond d'un vase en terre rouge.

284. Deux fragments d'un vase en terre rouge, orné, près du bord, de quatre lignes horizontales au pointillé et de bandes alternativement unies et couvertes de lignes obliques au pointillé.

285. Fragment du fond d'un vase en terre rougeâtre.

286. Fragment d'un vase en terre noirâtre, orné de bandes horizontales alternativement unies et couvertes de lignes diagonales au pointillé.

287. Fragments de poteries diverses.

288. Ossements humains, débris de coquilles et charbons.

(Don de MM. R. Galles et Lefebvre.)

FOUILLE DU DOLMEN DE CRUBELZ (BELZ).

Ce dolmen, sous tumulus rond, a été fouillé, en 1863, par MM. les Dʳˢ G. et A. Closmadeuc et Fouquet. Parois en pierres sèches, 3 tables. — Dimensions. Tumulus : di. 30ᵐ,00, h. 4ᵐ,50. — Dolmen : lo. 3ᵐ,50, la. 1ᵐ,40, h. 3ᵐ,30 (Rapport de M. G. Closmadeuc, Bulletin de la Société, 1864.)

289. Hache en diorite, type D, lo. 0,125, la. 0,055, ép. 0,039 ar. arrondies.

290. Pointe de flèche en silex, à ailerons, fragmentée.

291. Éclats de silex.

292. Fragment supérieur d'un vase en terre brun-rouge, fait au tour, cordon sur le bord.

293. Fragment supérieur d'un vase en terre brune, type E.

294. Fragment d'argile cuite percée de trous.

295. Débris de poteries diverses.

296. Débris de bois provenant d'un plancher.

297. Fragments de poteries romaines trouvés sur le tumulus, et pierres usées provenant des murailles du dolmen.

(Don de MM. Closmadeuc.)

FOUILLE DU TUMULUS DU MANÉ-LUD (LOCMARIAKER).

Ce tumulus fouillé, en 1864, par M. R. Galles, aux frais du département, renferme à l'Ouest un dolmen déjà ouvert depuis longtemps, vers le milieu une crypte ou cellule renfermant les objets qui suivent, et à son extrémité Est de petits menhirs rangés. Signes gravés sur les parois. — Dimensions. Tumulus : lo. 90ᵐ,00, la. 50ᵐ,00, h. 5ᵐ,50. — Chambre du dolmen : lo. 3ᵐ,60, la. 2ᵐ,95; h. 1ᵐ,72; allée 5ᵐ,40. — Crypte : lo. 2ᵐ,25, la. 1ᵐ,25, h. 1ᵐ,10. (Mémoire de M. R. Galles, note de M. le Dʳ A. Mauricet.)

298. Fragment de silex taillé.

299. Grain en terre cuite (fusaïole), di. 0,040, ép. 0,028.

2

300. Hache en fibrolite, type C, lo. 0,059, la. 0,039, ép. 0,009, ar. mousses.
301. Fragments de poteries.
302. Débris d'ossements humains.
303. Débris d'ossements d'animaux (bœufs, chevaux, etc.)
304. Mâchoires de chevaux trouvées sur les menhirs dans l'Est du tumulus.
305. Débris ligneux.

FOUILLE DU DOLMEN DE KERROH (LOCMARIAKER).

Ce dolmen a été fouillé, en 1864, par MM. les Drs G. et A. Closmadeuc. — Dimensions de la chambre : lo. 1m,75, la. 1m,60, h. 1m,00 ; 6 supports, 1 table. (Rapport de M. G. Closmadeuc, Bulletin de la Société, 1864.)

306. Silex taillé.
307. Grain de collier en quartz blanc, di. 0,024, ép. 0,008; le trou central est formé par la réunion, à leurs sommets, de deux cônes très évasés.
308. Éclats de silex.
309. Fragment de vase en terre brun-rouge, type E.
310. Fragments d'un vase en terre noirâtre ; deux oreilles percées chacune de deux trous verticaux.
311. Fragments de poteries diverses.

(Don de MM. G. et A. Closmadeuc.)

FOUILLE D'UN DOLMEN, PRÈS DU RESTO (MOUSTOIR-AC) 1856.

(Rapport de M. de La Fruglaye, Bulletin, 1858.)

312. Hache en grès, type irrégulier, lo. 0,098, la. 0,036, ép. 0,020.
313. Couteau en silex pyromaque, lo. 0,248, la. 0,033, ép. 0,011, sans ar. médiane; l'une des faces est bombée en dos d'âne. (Ce couteau, d'une forme peu usitée dans le département, est taillé à petits coups du côté bombé; l'une des extrémités se termine en pointe, et l'autre en biseau.) Fragmenté en quatre.
314. Grain en terre cuite (fusaïole), di. 0,030, ép. 0,016.
315. Fragments de fer.

(Don de M. de La Fruglaye.)

FOUILLE D'UN DOLMEN A MANÉ-BEKER-NOÏ (QUIBÉRON).

316. Fragments de poteries : l'un de ces fragments est orné de bandes
horizontales composées chacune de quatre petits sillons au
pointillé.

(Don de M. G. Closmadeuc.)

FOUILLE DU DOLMEN DE KERVIHAN (CARNAC).

317. Éclats de silex.

318. Fragment d'un vase en terre rouge, strié horizontalement par
des lignes rapprochées.

319. Fragments de poteries diverses.

(Don de MM. Closmadeuc.)

FOUILLE DU DOLMEN DE KERLAGAD (CARNAC).

320. Virole en or, formée d'une mince bande coupée droit d'un
côté, et de l'autre en quatre dents; deux petits trous sont
percés aux extrémités de la bande : h. totale 0,016, h. des
dents 0,010.

(Don de M. de Keranflech.)

FOUILLE DU DOLMEN DE KEROUAREN (BRECH).

321. Fragments de poterie brune faite au tour.

(Don de M. G. Closmadeuc.)

FOUILLE DU TUMULUS DE KERGROIX (CARNAC).

322. Éclat de silex.

323. Fragments de poteries.

(Don de M. G. Closmadeuc.)

FOUILLE DU DOLMEN DE BÉ-ER-GOUH (LOCMARIAKER).

Ce dolmen fouillé en partie, en 1860, par MM. de Bonstetten et L. Galles,
l'a été complètement, en 1865, par des étrangers; les résultats de cette der-
nière fouille n'ont pas été connus. Signes sculptés sur les parois et sous la
table. — Dimension : lo. 20m,00. (Rapport de M. L. Galles, Bulletin, 1860.)

324. Silex taillé.

325. Fragments de poterie romaine, à couverte noire. — Un fragment
de poterie.

326. Trois fragments de Vénus Androgyne? en terre blanche.

(Don de M. L. Galles.)

ILE DE GAVRINIS (BADEN).

327. Fragment de hache en grès, côté du tranchant, lo. 0,083, la. 0,054, ép. 0,031.

328. Fragment de hache en diorite, côté de la pointe, lo. 0,065, la. 0,043, ép. 0,038.

328 *bis.* Fragment de hache en diorite, côté de la pointe, lo. 0,140, la. 0,078.

329. Éclats de silex.

(Don de M. G. Closmadeuc..)

FOUILLE DES DOLMENS DE PLOUHARNEL.

(Bulletin, 1857.)

330. Fragment d'un vase en terre brun-rouge, dont le bord en saillie est percé de trous éloignés les uns des autres de 0,020 environ, et terre provenant de ce vase.

(Don de M. L. Galles.)

FOUILLE DU DOLMEN DE L'ILE DU RHÉNO (BADEN).

331. Boule en silex, grand di. 0,065, petit di. 0,058; dépression factice sur deux points opposés.

332. Éclats de silex.

333. Fragments de poteries diverses.

334. Fragment du bord d'une poterie brune, orné de larges lignes au pointillé parallèles au bord.

(Don de M. G. Closmadeuc.)

FOUILLE DES DOLMENS DE PLOUHARNEL.

335. Fac-simile d'un des deux colliers en or contenus dans le vase n° 330.

ERDEVEN.

336. Fac-simile de deux bracelets en or trouvés dans un champ (l'un pèse 84 gr. et l'autre 54 gr.).

(Don de M. de Cussé.)

PLOUHARNEL.

337. Fac-simile d'une pierre appartenant à Mme Le Bail, dans laquelle est sculptée en creux l'effigie d'une hache.

(Don de M. de Cussé.)

FOUILLE DU DOLMEN D'ER ROH (ARRADON).

Ce dolmen a été fouillé par MM. L. et R. Galles. — Sept supports, une table.

338. Silex taillé.
339. Éclats de silex.
340. Couteau en silex, lo. 0,046.
341. Couteau en silex, lo. 0,057.
342. Silex taillé.
343. Pendeloque en talc, di. 0,025, ép. 0,011.
344. Fond d'un vase en terre rougeâtre, type K, di. 0,115.
345. Fragment d'un vase en terre brune, type D.
346. Divers fragments de poteries.

PLUHERLIN.

347. Fragment de hache en diorite, type B, lo. 0,190, la. 0,070, ép. 0,060.

(Don de M. E. de Lamarzelle.)

FOUILLE DU TUMULUS NOMMÉ ER HOURICH ou LA VIGIE
(LA TRINITÉ-SUR-MER).

Cette fouille a été exécutée, en 1866, par la Société. — Dimensions : lo. 50^m,00, la. 30^m,00, h. 2^m,00. (Rapport de MM. de Cussé et L. Galles, Bulletin, 1866.)

348. Moitié d'une pyramide quadrangulaire tronquée, en calcaire, percée en son centre et jusqu'à la moitié de la hauteur.
349. Couteau en silex brisé aux extrémités, lo. 0,078, la. 0,035.
350. Grain en terre cuite (fusaïole) percé au centre, di. 0,035, ép. 0,020.
351. Fragments de granit fortement imprégnés de bitume.
352. Éclat de silex et deux petits fragments de poterie.
353. Fragment d'une pierre à aiguiser en grès.

FOUILLE DU DOLMEN NOMMÉ ER ROH, A L'OUEST DU BOURG
DE LA TRINITÉ-SUR-MER.

Ce dolmen a été fouillé, en 1866, par la Société. Neuf supports, une table.
— Dimensions : lo. 3^m,00, la. 1^m,90 à 1^m,00, h. 1^m,80. (Mémoire de MM. L. de Cussé et L. Galles.)

354. Couteau en silex, brisé à la pointe, lo. 0,096, la. 0,030.

355. Vase fragmenté, en terre brun-rougeâtre, type M, h. 0,190, di. à la base 0,100, à la panse 0,240, à l'ouverture 0,235. La partie supérieure de ce vase est ornée en quatre endroits de trois moulures verticales rapprochées qui, partant du bord, viennent se terminer à la panse par un bouton.

356. Vase en terre brune, type M, h. 0,135, di. à la base 0,090, à la panse 0,160, à l'ouverture 0,175. Même ornementation qu'au n° 355.

357. Vase intact en terre rougeâtre, type E, h. 0,063, di. 0,145. Même ornementation que le n° 355, sauf le bouton terminal qui fait défaut.

358. Vase fragmenté, en terre brun-rouge, type G, h. 0,080, di. 0,143, orné sur sa panse de bossettes allongées placées horizontalement.

359. Divers fragments de poteries.

360. Trois fragments de poterie du même type que le n° 357 et présentant une ornementation analogue.

361. Éclat de silex, fragment de schiste et petit galet de quartz trouvés dans le vase n° 357.

362. Éclats de silex.

363. Morceau de résine, couleur brune, paraissant avoir été coulé, qui brûle avec facilité en répandant une fumée noire et intense dont l'odeur est analogue à celle de l'encens ou du benjoin.

FOUILLE DU DOLMEN NOMMÉ ER ROH, A L'OUEST DE KERMARKER
(LA TRINITÉ-SUR-MER).

Ce dolmen a été fouillé, en 1866, par la Société. — Chambre avec allée, un cabinet, quinze supports, trois tables. — Dimensions : lo. 5^m,00. (Mémoire de MM. L. de Cussé et L. Galles.)

364. Pointe de flèche en silex, à ailerons, lo. 0,030, la. 0,023.

365. Perle en agalmatolite, forme grossièrement cylindrique, lo. 0,028, di. 0,021.

366. Petit silex taillé, forme couteau, lo. 0,033.

367. Fragment d'un anneau en bois (if?), la. 0,011, ép. 0,008.

368. Polissoir en fer oligiste, lo. 0,033.

369. Éclats de silex.

370. Vase presque intact en terre brune, type A. Ce vase est orné dans presque toute sa hauteur de lignes horizontales tracées à la pointe; h. 0,130, di. à la base 0,070, à la panse 0,115, à l'ouverture 0,145.

371. Fragments d'un grand vase en terre rougeâtre, type A. Son ornementation consiste en bandes horizontales offrant tantôt des dents de scie, tantôt de simples lignes diagonales au pointillé, tantôt des lignes de gros points frappés en creux sur une surface unie.

372. Fragments d'un vase en terre brun-rougeâtre, type E. Son ornementation consiste en bandes alternatives, l'une formée de lozanges au pointillé, l'autre unie et divisée en trois par deux traits au pointillé.

373. Fragments d'un vase en terre brun-rougeâtre, type A, orné de bandes horizontales alternatives, l'une unie et séparée en trois par deux traits au pointillé, l'autre couverte de lozanges formés par des lignes diagonales au pointillé.

374. Fragments d'un vase en terre rougeâtre, orné de petites lignes en creux assez régulièrement espacées, semblables à celles que pourrait produire la pression d'un ongle.

375. Fragment d'un vase en terre noire, type L.

376. Fragment d'un vase en terre brune, type C.

377. Fragment d'un vase en terre brune, type E.

378. Fragments d'un vase en terre brune, orné de bandes horizontales, alternativement unies et couvertes de lignes diagonales au pointillé.

379. Fragments d'un vase en terre rouge, orné de bandes horizontales alternatives, les unes unies et séparées en deux par un trait au pointillé, les autres couvertes de lignes diagonales au pointillé.

380. Fragments d'un vase en terre rouge, orné de lignes horizontales équidistantes en creux.

381. Divers fragments de poteries avec ornements.

382. Divers fragments de poteries sans ornements.

383. Objet en or pur formé de deux calottes sphériques soudées ensemble. L'ornementation de la face supérieure consiste en un bouton rapporté et soudé formant le centre de quatre cercles concentriques faits au repoussé; l'autre face, percée d'un trou central communiquant avec l'intérieur, porte soudés les restes d'une lame d'or qui a été brisée; à la jonction des deux calottes se trouvent deux petites gorges ornées de cannelures perpendiculaires; di. 0,032, ép. 0,016, poids 12 gr. 500 (1).

384. Médaille romaine fruste.

(1) Cet objet, que nous croyons d'une *époque postérieure* aux autres objets trouvés dans le dolmen, nous semble une fibule. (Note de MM. de Cussé et L. Galles.)

FOUILLE DE DEUX DOLMENS AU NORD DE KERMARKER
(LA TRINITÉ-SUR-MER).

Ces dolmens ont été fouillés par la Société en 1866. — Dimensions. Chambre du dolmen Nord : lo. 2^m,70, la. 2^m,70; allée 4^m,00; 11 supports. (Mémoire de MM. L. de Cussé et L. Galles.)

DOLMEN N° 1.

385. Éclat de silex, fragments de poterie et fragment de granit vitrifié.

DOLMEN N° 2.

386. Fragments de poterie à couverte plombaginée.

FOUILLE DU DOLMEN NOMMÉ EN AUTÉRIEU (CARNAC).

Ce dolmen a été fouillé par la Société en 1866. — Dimensions : lo. 9^m,70, la. 1^m,00 à 0^m,65. 19 supports, 3 tables. (Rapport de M. G. Closmadeuc, Bulletin, 1866.)

387. Couteau en silex, lo. 0,071.
388. Pierre à aiguiser en grès, lo. 0,074.
389. Éclats de silex.
390. Vase en terre rouge très grossière, type C, h. 0,080, di. 0,110.
391. Fragment d'un très petit vase en terre brune, type G, h. 0,028.
392. Fragment de vase en terre rougeâtre, orné près de son bord d'un liston en relief avec points en creux.
393. Divers fragments de poteries ornées.
394. Divers fragments de poteries sans ornementation.

FOUILLE D'UN DOLMEN A MANÉ-KLUD-ER-IÉR (CARNAC).

Ce dolmen a été fouillé par la Société en 1866. — Dimensions : lo. 10^m,00, la. 1^m,00. Cabinets : lo. et la. 2^m,00. 3 cabinets, 30 supports. (Rapport de M. G. Closmadeuc, Bulletin, 1866)

395. Couteau en silex, lo. 0,075.
396. Éclats de silex.
397. Grain en terre cuite (fusaïole) percé au centre, di. 0,047, ép. 0,021.
398. Fragment d'un très petit vase en terre brunâtre, type G.
399. Divers fragments de poterie.

FOUILLE DU DOLMEN DE RUNESTO (PLOUHARNEL).

Ce dolmen a été fouillé par la Société en 1866. — 8 supports, 1 table.
(Rapport de M. G. Closmadeuc, Bulletin, 1866.)

400. Divers fragments de poterie.

FOUILLE DE QUATRE DOLMENS A KERIAVAL (CARNAC).

Ces dolmens ont été fouillés par la Société en 1866. — Le dolmen A
a 14 supports et 4 tables; le dolmen B a 24 supports et 5 tables; le dolmen C
a 8 supports et 3 tables; le dolmen sud a 3 cabinets, 20 supports et 4 tables.
(Rapport de M. G. Closmadeuc, Bulletin, 1866.)

DOLMEN A.

401. Hache en fibrolite, type L, lo. 0,034, la. 0,016, ép. 0,007.

402. Fragment de pointe de flèche en silex, sans ailerons.

403. Cristal roulé de quartz hyalin.

404. Éclats de silex.

405. Calcaire coquillier roulé ayant assez la forme d'une hache.

406. Grain en terre cuite (fusaïole) percé au centre, di. 0,056,
ép. 0,022.

407. Grain en terre cuite (fusaïole) percé au centre, di. 0,039,
ép. 0,015.

408. Vase fragmenté en terre noire, type G, percé à sa panse, dans
l'épaisseur de la paroi, d'un canal étroit long de 0,023, qui
s'ouvre à l'extérieur; h. 0,070, di. 0,080.

409. Fragments de la partie supérieure d'un vase en terre brune,
type A?, orné de bandes horizontales alternativement unies
et à lignes diagonales et de bandes à chevrons, les uns unis,
les autres couverts de lignes horizontales.

410. Fragment du bord d'un vase paraissant tourné, orné d'un liston
présentant des points ovales en creux.

411. Fragments d'un vase en terre brune type A?, orné, à la naissance de la panse, de quatre lignes parallèles en creux, et,
au-dessous, de trois lignes parallèles formant chevrons.

412. Fragment d'un vase en terre jaunâtre, type L, présentant la
même ornementation que le n° 357.

413. Divers fragments de poteries.

DOLMEN B.

414. Deux fragments d'os humains.

415. Silex roulés et éclats de silex.

416. Grain en terre cuite (fusaïole), percé au centre, di. 0,032,
ép. 0,025.

417. Grain en terre cuite (fusaïole), percé au centre, ayant la forme
d'un petit moyeu de roue, à couverte plombaginée, di. 0,026,
ép. 0,017.

418. Fragment d'un vase à fond plat, en terre brune, type E,
h. 0,050, di. 0,100.

419. Fragment d'un vase en terre brune, type H, h. 0,070

420. Fragments d'un vase en terre rouge, orné de bandes horizontales alternativement unies et couvertes de lignes diagonales
au pointillé.

421. Fragments d'un vase en terre brune, orné de bandes, les unes
unies, les autres couvertes de lignes diagonales au pointillé,
les autres couvertes de lignes brisées au pointillé.

422. Fragments d'un vase en terre jaunâtre, présentant la même
ornementation que le n° 379.

423. Fragments de vase en terre brune, présentant une ornementation très grossière au pointillé.

424. Fragments d'un vase ornementé à couverte plombaginée, fait
au tour.

425. Fragments d'un vase sans ornements à couverte plombaginée,
fait au tour.

426. Divers fragments de poterie.

Dolmen C.

427. Couteau en silex, lo. 0,074.

428. Divers fragments de poterie.

Dolmen Sud.

429. Deux perles en callaïs (Damour), l'une de 0,016 de di. sur
0,005 d'ép., l'autre de 0,011 de di. sur 0,004 d'ép.

430. Couteau en silex, lo. 0,085.

431. Éclats de silex.

432. Deux grains en terre cuite (fusaïoles), l'un de 0,048 de di. sur
0,027 d'ép., l'autre de 0,046 de di. sur 0,028 d'ép.

433. Deux fragments de grains en terre cuite.

434. Fond d'un très petit vase en terre rouge.

435. Fragment supérieur d'un vase en terre rouge orné de bandes
horizontales, les unes unies, les autres couvertes de lignes
diagonales ou de chevrons.

436. Fragment supérieur d'un vase analogue au précédent.

437. Fragments d'un vase en terre rouge orné de bandes horizontales
chevronnées, les unes unies, les autres couvertes de lignes
horizontales, remplies d'une pâte jaune de kaolin.

438. Fragment d'un vase en terre brunâtre, orné de bandes horizontales alternativement unies et couvertes de lignes diagonales.

439. Fragment d'un vase en terre brunâtre, analogue au précédent.
440. Fragment supérieur l'un vase en terre brune, avec anse verticale.
441. Fragment d'un vase en terre brun-rouge, type G, orné d'une bossette horizontale à la naissance de la panse.
442. Divers fragments de poterie.

CRACH.

443. Fragment de hache en fibrolite (côté du tranchant), type C, lo. 0,057, la. 0,048, ép. 0,018, ar. plates.

CARNAC.

444. Hache en diorite, forme cylindrique, lo. 0,124, la. 0,060, ép. 0,046.

PLOUHARNEL.

445. Hache en diorite, type D', lo. 0,106, la. 0,061, ép. 0,031; irrégulière.

FOUILLE DU TUMULUS NOMMÉ MANÉ-RUMENTUR (CARNAC).

Ce tumulus a été fouillé par la Société en 1866. — Dimensions : di. 22m,00, h. 3m,60. (Rapport de M. G. Closmadeuc, Bulletin, 1866.)

446. Éclats de silex.
447. Petit fragment de bronze.
448. Disque en terre cuite, à bords droits, façonné par frottement; di. 0,050, ép. 0,027.
449. Boule en terre cuite, di. 0,025.
450. Vase en terre rouge, type M, h. 0,155, di. à la base 0,090, à la panse et à l'ouverture 0,180. Ce vase était orné de quatre anses verticales dont l'une manque.
451. Divers fragments de poterie.

(Les objets trouvés dans ce tumulus sont peut-être de l'époque du bronze.)

DESCRIPTION

DES OBJETS DÉPOSÉS

AU MUSÉE DE LA SOCIÉTÉ POLYMATHIQUE.

PROVENANCES INCONNUES.

1. Hache en diorite calcarifère, type A, lo, 0,158, la. 0,057, ép. 0,028, ar. arrondies; tranchant irrégulier.
2. Hache en chloromélanite, type A, lo. 0,232, la, 0,061, ép. 0,032, ar. plates.
3. Hache en diorite, type I, lo. 0,260, la. 0,070, ép. 0,055; brisée à la pointe; tranchant fortement émoussé.
4. Hache en diorite, type B, lo. 0,227, la. 0,055, ép. 0,048. Cette hache offre la forme d'un cône presque parfait.
5. Hache en silex, type A, lo. 0,150, la. 0,050, ép. 0,017, ar. plates.
6. Hache en grès, type D, lo. 0,085, la. 0,041, ép. 0.021, ar. plates.
7. Hache en fibrolite, type D, lo. 0,060, la. 0,045, ép. 0,013, ar. plates.
8. Hache en grès, type D, lo. 0,055, la. 0,036, ép. 0,019, ar. rondes.
9. Hache en diorite, type D, lo. 0,147, la. 0,056, ép. 0,035, ar. arrond.
10. Hache en silex, type D, lo. 0,052, la. 0,033, ép. 0,016; très fracturée.
11. Instrument en schiste figurant une hache entourée d'une virole, lo. 0,070, la. 0,055.
12. Hache en diorite, type D, lo. 0,080, la. 0,045, ép. 0,021, ar. plates.
13. Hache en fibrolite, type C. lo. 0,080, la. 0,040, ép. 0,022, ar. plates.
14. Instrument en diorite figurant une hache dont la pointe et le tranchant auraient été fortement usés; lo. 0,095, la. 0,050, ép. 0,032.
15. Hache en grès, type D, lo. 0,068, la. 0,037, ép. 0,019, ar. arrondies.
16. Hache en grès, type C, lo. 0,105, la. 0,048, ép. 0,025, ar. arrondies; la pointe tronquée offre un bourrelet; fortes stries longitudinales paraissant modernes.
17. Hache en diorite calcarifère, type D, lo. 0,060, la. 0,038, ép. 0,018, ar. arrondies.

(De 1 à 17, dépôt de M. de Keranflech.)

PROVENANCE INCONNUE.

18. Hache en diorite, type A, lo. 0,130, la. 0,048, ép. 0,028, ar. arrondies.

(Dépôt de **M. A. Taslé.**)

FOUILLE DU STONE-CIST DE MANÉ-BEKER-ÏOZ (QUIBÉRON),

Exécutée par MM. G. Closmadeuc et Gressy, en 1865.

19. Vase en terre noirâtre, type H, orné à la partie supérieure de trois bossettes verticales simulant des anses ; h. 0,080, di. 0,100.

20. Ossements humains (le crâne est au musée d'anthropologie de Paris).

21. Éclats de silex.

(Dépôt de **MM. G. Closmadeuc et Gressy.**)

PROVENANCE INCONNUE.

22. Pointe de flèche en silex, à ailerons, lo. 0,026, la. 0,020.

(Dépôt de **M. Alfred Le Lièvre.**)

PROVENANCES INCONNUES.

23. Couteau en silex, lo. 0,090, deux ar. médianes.

24. Pointe en silex, taillée en dos d'âne, lo. 0,070.

25. Fragment inférieur d'un couteau en silex, lo. 0,045.

26. Boule en silex, di. 0,058.

27. Polissoir en fer oligiste, forme à peu près cubique, de 0,029 de côté.

28. Fragment de la partie supérieure d'un vase en terre rouge, orné de bandes horizontales, les unes unies, les autres couvertes de lignes diagonales au pointillé.

29. Fragment d'un vase en terre brunâtre, type G.

30. Fragment d'un vase en terre jaunâtre, type A, h. 0,140.

31. Fond d'un vase en terre rouge.

32. Fond d'un vase en terre rougeâtre.

33. Fragment d'un vase en terre brune, type E, h. 0,047, di. 0,140.

34. Fragment d'un vase en terre rouge, type A, ornementation analogue au n° 28 (dépôts).

35. Fragment d'un vase en terre brune, type E, h. 0,090.

36. Fragment de la partie supérieure d'un vase en terre brune, type E, di. 0,135.

37. Vase fragmenté en terre brun-rougeâtre, type D, h. 0,065, di. 0,140.

38. Fragment d'un vase en terre brune, orné de petites lignes en creux assez semblables à celles que pourrait produire un ongle.

39. Fragment d'un vase en terre brune, type G; une bossette à la naissance de la panse.

40. Fond plat d'un vase en terre rouge.

41. Vase intact en terre brune, type F, h. 0,060, di. 0,130.

42. Vase fragmenté en terre rouge, type B, h. 0,083, di. 0,071.

43. Fragment de la partie supérieure d'un vase en terre brune, type E, ornements analogues au n° 257.

44. Fragment de la partie supérieure d'un vase en terre brune.

45. Fragment d'un vase à couverte plombaginée, fait au tour, orné de tores horizontaux.

46. Fragment du bord d'un vase en terre brune, orné sur sa tranche de lignes en creux simulant une torsade.

47. Fragment de la partie supérieure d'un vase en terre rouge, type A? ornementation analogue au n° 28 (dépôts).

48. Fragment de la partie supérieure d'un petit vase en terre brune, type G.

49. Fragment d'un vase en terre rougeâtre, type G, orné de bandes présentant des lozanges et des chevrons au pointillé.

50. Fragments d'un couvercle plombaginé.

51. Fragment d'un vase en terre rougeâtre, à anse verticale.

52. Fragment d'un vase en terre rouge, ornementation analogue au n° 28 (dépôts).

53. Cinq fragments de statuettes de Vénus Anadyomène, en terre blanche.

(**Du n° 23 au n° 53**, dépôt de M. de **Keranflech**.)

DOLMEN DE TOULVERN (BADEN).

54. Fac-simile d'une hache en jadéite, type C, lo. 0,074, la. 0,049, ép. 0,006, ar. vives; une des faces est plane.

55. Fragment du buste d'une statuette de Minerve, en terre blanche (fac-simile), le cimier du casque manque.

55 *bis*. Statuette de Vénus Anadyomène, en terre blanche (fac-simile).

56. Tête d'une statuette de Vénus, en terre blanche (fac-simile).

57. Fragment d'une statuette représentant un coq, en terre blanche (fac-simile).

(**N°⁵ 54 à 57**, dépôt de MM. de **Cussé** et L. **Galles**.)

DOLMEN DU ROCHER (PLOUGOUMELEN).

58. Fac-simile d'une hache en chloromélanite, type C, lo. 0,080, la. 0,040, ép. 0,021, ar. arrondies.

59. Fac-simile d'un couteau en silex, lo. 0,200.

(N°s 58, 59, dépôt de MM. de Cussé et L. Galles.)

ENVIRONS DU DOLMEN DU ROCHER (PLOUGOUMELEN).

60. Fac-simile d'une hache en diorite, type H, lo. 0,050, la. 0,037, ép. 0,014, ar. plates.

61. Fac-simile d'un fragment de hache en silex, type A, lo. 0,060, la. 0,042, ép. 0,015, ar. plates.

(N°s 60, 61, dépôt de MM. de Cussé et L. Galles.)

DOLMEN DU BONO (PLOUGOUMELEN).

62. Fac-simile d'un couteau en silex, taillé en dos d'âne, lo. 0,195; sa pointe se termine carrément et en biseau tranchant.

(Dépôt de MM. de Cussé et L. Galles.)

Nota. — Les originaux des objets numérotés de 54 à 62 se trouvent chez Mme Bain de la Coquerie, au Rocher (Plougoumelen).

ARRADON.

63. Hache en jadéite, type G, lo. 0,130, la. 0,056, ép. 0,028, ar. arrondies.

(Dépôt de M. L. Galles.)

SAINT-GILDAS DE RHUYS.

64. Fac-simile d'une hache en diorite, type G, lo. 0,357, la. 0,100, ép. 0,032, ar. mousses; percée à 0,080 de la pointe.

(Dépôt de M. L. Galles.)

Nota. — L'original est au musée de Nantes.

FOUILLE DU DOLMEN DU PETIT-MONT (ARZON),

Exécutée en 1865 par MM. de Cussé et L. Galles.

65. Hache-marteau en diorite, type M, lo. 0,223, la. 0,112, ép. 0,060; percée d'un trou de 0,045 de di. à 0,130 de la pointe; côtés plats.

66. Fragments de vases en terre rouge-brunâtre, avec ornements composés de cupules.

67. Fragment d'un vase en terre rouge, orné de cupules et de sillons.

68. Fragment d'un vase en terre jaunâtre, orné de traits horizontaux équidistants.

69. Fragments d'un vase en terre rouge, orné de traits horizontaux équidistants, au pointillé.

70. Fragments d'un vase en terre rouge, ornementation analogue à celle du n° 28 (dépôts).

71. Divers fragments de poterie.

(N°s 65 à 71, dépôt de M. L. Galles.)

FOUILLE DES DOLMENS DE KERVILOR (LA TRINITÉ-SUR-MER),

Exécutée en 1866 par MM. de Cussé et L. Galles.

DOLMEN NORD.

72. Fragment de hache en diorite (côté du tranchant), type C, lo. 0,057, la. 0,052, ép. 0,015, ar. plates.

73. Fragment de hache en diorite (côté du tranchant), type C, lo. 0,058, la. 0,040, ép. 0,020, ar. plates.

74. Couteau en silex, lo. 0,111.

75. Couteau en silex noir, à pointe acérée, lo. 0,089.

76. Couteau en silex noir, terminé carrément, lo. 0,085.

77. Éclats de silex.

78. Pendeloque en schiste ardoisier, de forme trapézoïdale à angles arrondis, lo. 0,030, la. 0,023, ép. 0,004; percée vers le centre.

79. Vase fragmenté en terre jaunâtre, type N, orné d'une anse horizontale, h. 0,112, di. à la panse 0,150.

80. Fragments d'un vase en terre brune, orné d'une petite anse verticale.

81. Divers fragments de poterie.

DOLMEN SUD.

82. Perle en callaïs (Damour), di. 0,017, ép. 0,006.

83. Couteau en silex, fragmenté, lo. 0,076.

84. Éclats de silex.

85. Divers fragments de poterie.

(N°s 72 à 85, dépôt de MM. de Cussé et L. Galles.)

PIERRE

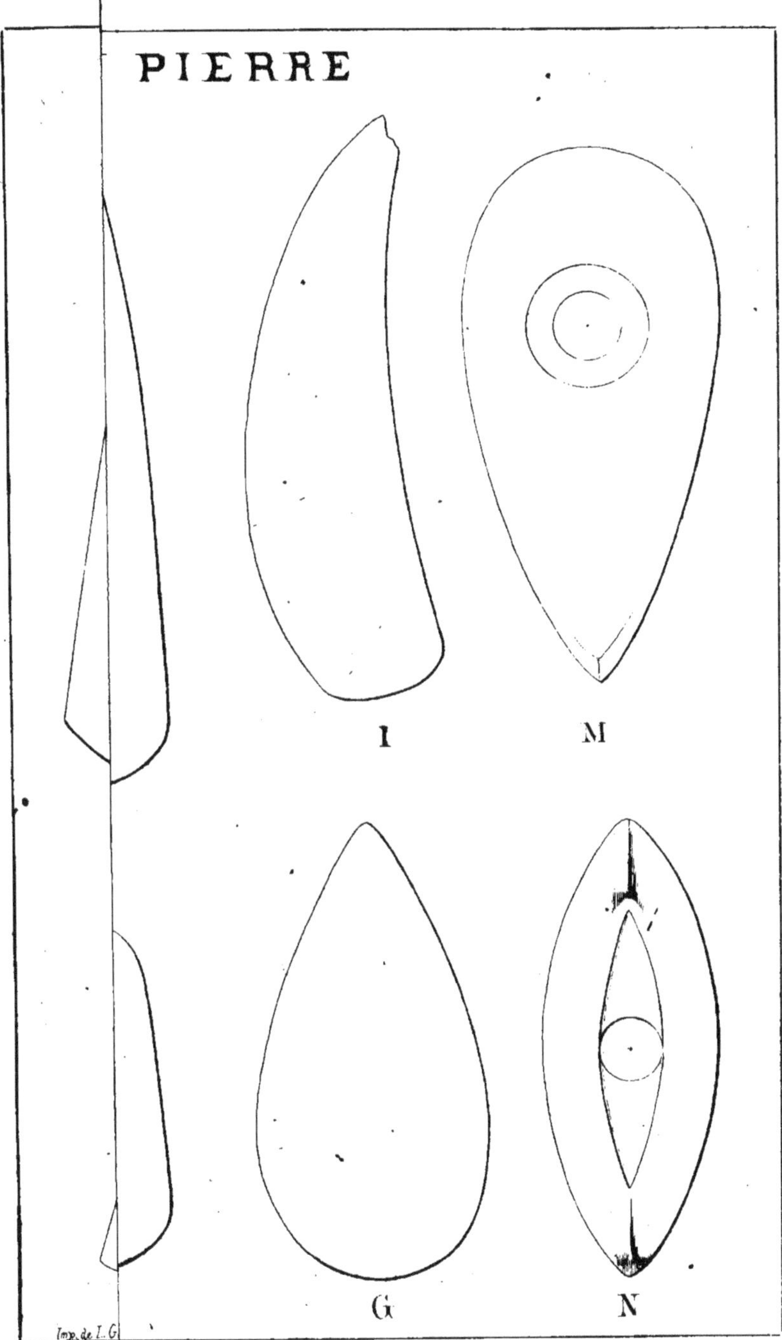

Imp. de L. G.

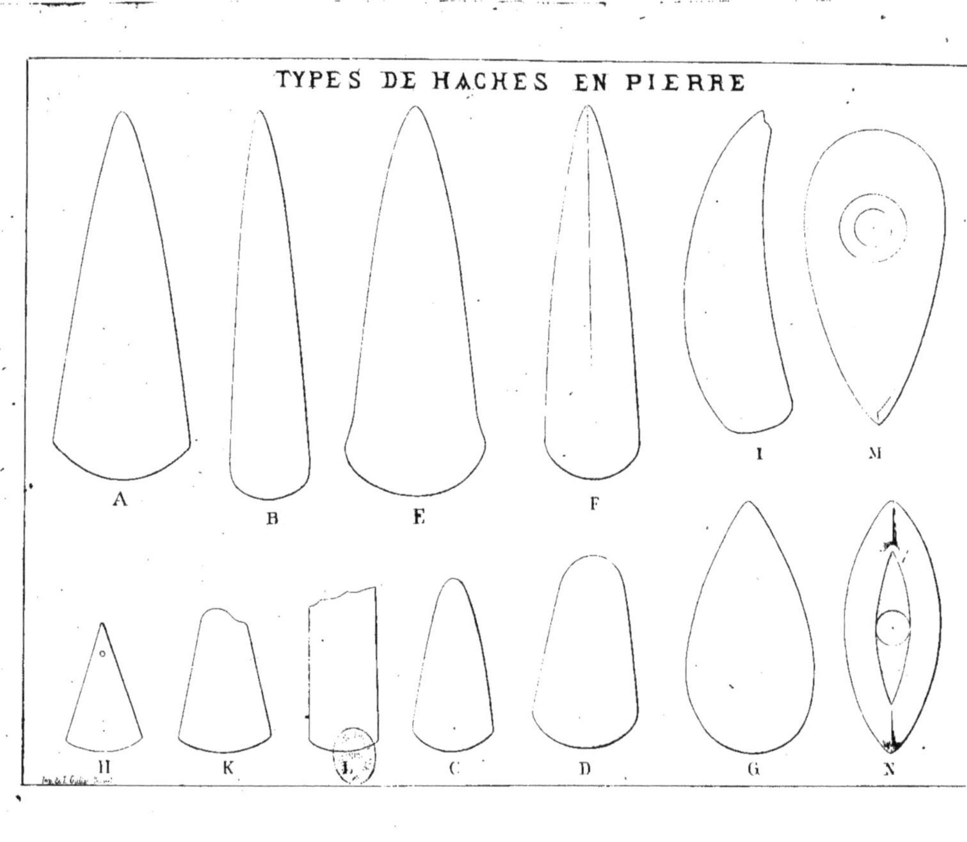

TYPES DE HACHES EN PIERRE
A
B
E
F
I
M
H
K
L
C
D
G
N

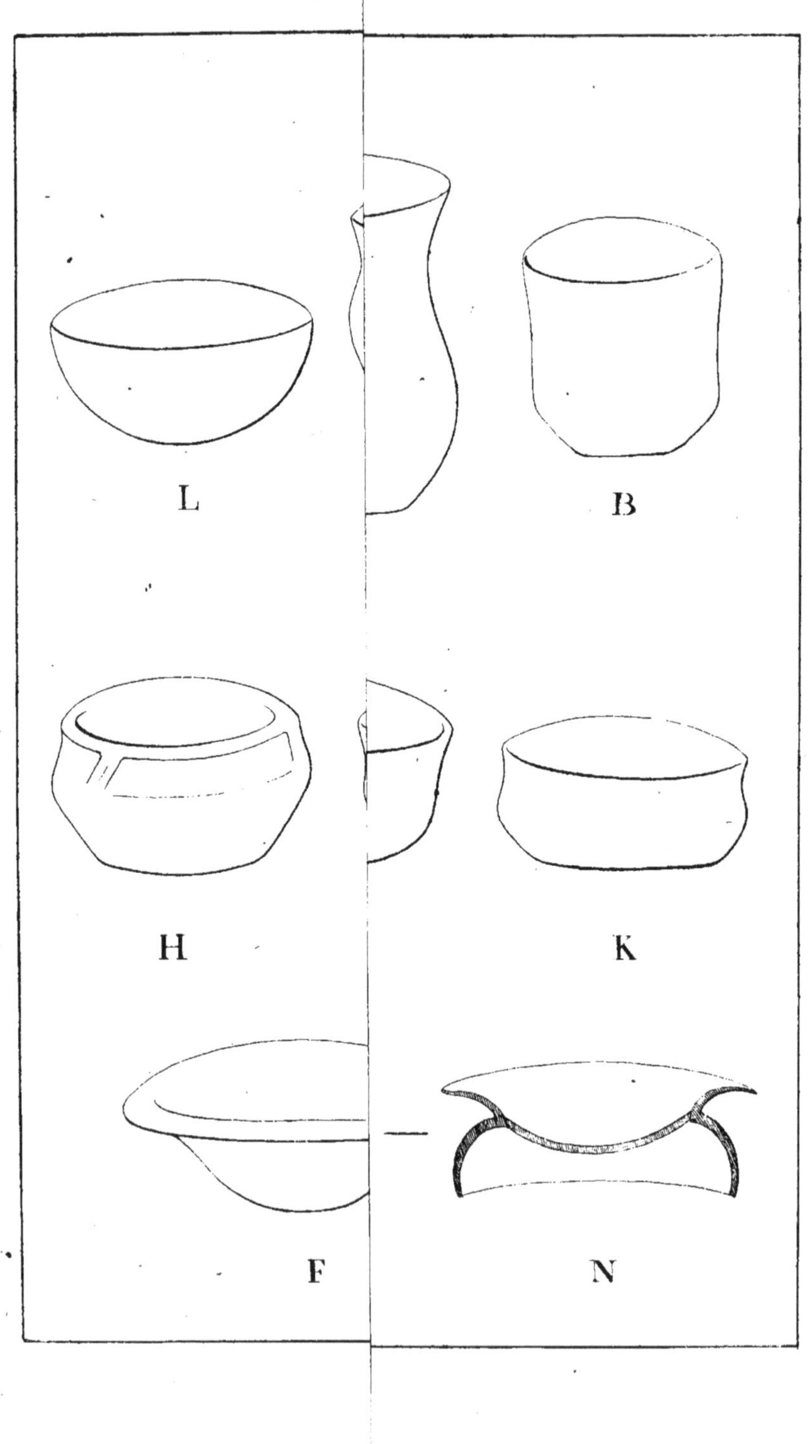
L
B
H
K
F
N

TYPES DE VASES

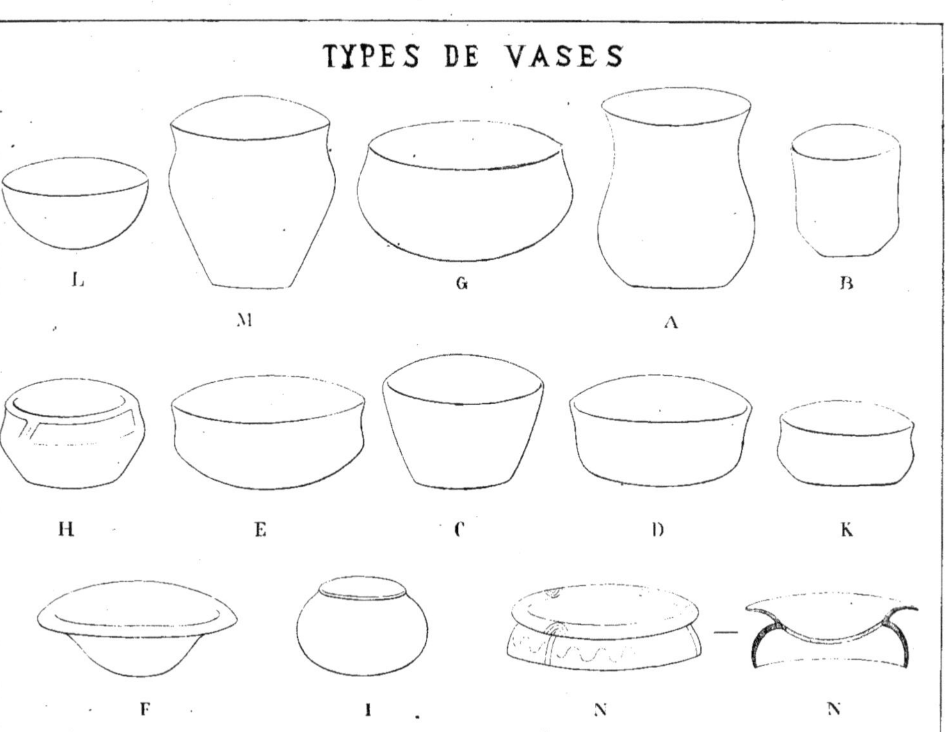

40